AF357607

RENÉ FAGE

A. DE LAROUVERADE

LIMOGES

IMPRIMERIE ET LIBRAIRIE LIMOUSINE

Vᵉ H. DUCOURTIEUX

Libraire de la Société archéologique et de la Société Gay-Lussac

7, RUE DES ARÈNES, 7

1889

AUGUSTE DE LAROUVERADE

Parmi les écrivains qui, dans ce siècle, ont traité de l'histoire
du Limousin, M. de Larouverade mérite une place distinguée. Issu
d'une famille de robe, magistrat lui-même, il a marqué son œuvre à l'empreinte de la plus rigoureuse impartialité. Ses *Etudes*,
qui résument dans une série de tableaux tout le passé de notre
province, ont été publiées par fascicules, tirées à un petit nombre
d'exemplaires, distribuées à un groupe restreint d'amis, et sont
devenues presque introuvables. Aussi, quoiqu'elles aient été écrites depuis moins de trente ans, sont-elles peu connues, et leur
auteur, dont la vie s'est écoulée dans le silence et le travail, n'a-t-
il pas la notoriété dont il est digne.

Léonard-Auguste de Larouverade naquit à La Genette, commune
de Troche (Corrèze), le 29 décembre 1791, du mariage de Jean-
Baptiste avec Léonarde de Cessac. Son père, avocat en parlement,
avait été nommé, en 1787, juge de Vignol ; il rédigea le cahier des
doléances de la paroisse de Troche, et fut élu, en 1790, membre
du directoire du département de la Corrèze.

Après avoir fait ses études classiques au collège d'Uzerche (1803-
1808), dirigé alors par l'abbé Goumot, humaniste de grand mérite,
le jeune de Larouverade alla à Paris pour y apprendre le droit. Il
s'y maria, le 14 septembre 1813, avec mademoiselle Marguerite-
Philippine Malès, fille de l'ancien député du Bas-Limousin aux
Etats généraux (1789-1790), qui fut plus tard président du Tribunat
et du Conseil des Cinq-Cents, et mourut conseiller-maître à la
Cour des comptes (1).

(1) Malès était avocat à Brive et maire de cette ville en 1789.

De retour à Uzerche, il fut nommé, en 1816, adjoint au maire de cette ville. Il se fixa à Brive dans le courant de l'année 1822 et y prit place au barreau. Nous le voyons, en 1824, attaché au tribunal de Brive comme juge auditeur. Il suivit sa carrière de magistrat dans les ressorts des Cours de Limoges et de Bordeaux, franchit rapidement les premiers échelons, fut nommé, le 15 mars 1827, substitut à Bourganeuf, le 11 juin suivant, substitut à Tulle, le 30 juin 1828, président du tribunal de Sarlat, et, le 29 avril 1852, conseiller à la cour de Bordeaux. Il fut admis à la retraite, sur sa demande, le 11 août 1859. Depuis le 4 mai 1844, il était chevalier de la Légion d'honneur.

Les premiers essais historiques d'Auguste de Larouverade remontent à ses années de début dans la magistrature ; le journal intime, où il consignait les événements survenus dans sa maison (1), en fixe la date à 1827 : « Ce fut à cette époque que, pour mêler quelques distractions à mes travaux judiciaires, je commençai à écrire sur l'histoire d'Uzerche, ville où j'avais laissé tant de chers souvenirs. Cette composition avança rapidement et je ne tardai pas à en voir la fin ; mais je m'aperçus bientôt qu'il existait des lacunes dans mon travail ; je le retouchai et j'en fis insérer quelques frag-

----

(1) Le livre de raison de M. de Larouverade comprend 240 pages in-4º; il est conservé par son fils, M. Elie de Larouverade, conseiller à la Cour de cassation. En notant ses souvenirs intimes, l'auteur des *Etudes Historiques sur le Bas-Limousin* a peu parlé de lui et de ses travaux littéraires, il s'est surtout attaché à raconter les origines de sa famille et les événements domestiques qui en constituent l'histoire privée. Dans la première partie, la plus courte, il a résumé les informations qu'il a puisées dans un registre tenu, depuis la fin du xvᵉ siècle jusqu'à 1789 environ, par la maison de Raffailhac de Larouverade, en Périgord, d'où sont issues les diverses branches de la famille; la seconde partie du livre est consacrée à la relation chronologique des faits intéressant la branche représentée aujourd'hui par M. Elie de Larouverade. Cette relation s'arrête à l'année 1859. L'auteur a eu soin de noter, en passant, les faits politiques qui se déroulaient pendant qu'il écrivait. Nous y trouvons aussi, à sa date, le récit d'une excursion qu'il fit, en 1835, aux ruines de Tintiniac, et l'indication sommaire du résultat des fouilles qui venaient d'être pratiquées sur l'emplacement de cette station romaine.

ments dans l'*Annuaire de la Corrèze* (1828-1830). Je songe aujour-
d'hui à la refondre presque entièrement. »

Le travail originaire n'existe plus. Quant aux fragments impri-
més, en voici les titres :

Annuaire de 1828 (pp. 198-212) : — *Lettres à Madame de B... sur
le Limousin. Histoire d'Uzerche. Lettre XV*ᵉ. Sans nom d'auteur.

Annuaire de 1829 (pp. 186-205) : — *Lettres à Madame de B... sur
le Limousin. Histoire d'Uzerche. Lettre XVI*ᵉ. Signée : Larouverade,
président du tribunal civil de Sarlat.

Ces *Lettres*, à la fois romanesques et historiques, étaient dans le
goût de l'époque ; elles eurent du succès et ne tardèrent pas à être
imitées. Piqué d'émulation, M. F. Vidalin commença, dès l'année
1829, dans l'*Annuaire de la Corrèze*, la publication des *Lettres de
Kermil à Eldovire* ; il fut bientôt suivi par M. A. Floucaud, qui
donna au même recueil une série de *Lettres à Marie.*

M. de Larouverade a réalisé le projet qu'il avait formé de refondre ses lettres sur Uzerche ; nous les retrouverons, dépouillées de
la forme romantique, dans les *Etudes historiques sur le Bas-
Limousin*, publiées de 1860 à 1864.

De même qu'il avait apporté dans les *Variétés* de l'annuaire
corrézien la première note de la littérature nouvelle, ce fut lui qui
ouvrit ce recueil aux compositions poétiques. Dans le volume de
1828 (1) il publia, sans la signer, une *Ode aux Grecs modernes*,
morceau lyrique qui « se recommande, au dire d'un des collabora-
teurs de l'*Annuaire*, par la correction du style, de belles expres-
sions, des vers heureux et un certain mouvement qui n'était pas
sans chaleur (2) ». L'année suivante il donna, dans le même ouvrage (3), *les Vengeances de Dieu sur les Royaumes impies*, chant
dithyrambique, signé : Larouverade, président du tribunal civil de
Sarlat. Le volume de 1830 contient de lui deux pièces de poésie
signées : une *Elégie, à Madame *** sur la mort de sa fille* (4), et des

(1) Page 320.
(2) *Lettre à MM. les éditeurs de l'Annuaire de la Corrèze*, par
M. Fénis. Cette lettre, contenant l'*Ode aux Grecs*, a été tirée à part, huit
pages in-18.
(3) Pages 350-352.
(4) Page 343.

Strophes sur le Suicide (1). Ce furent là ses dernières communications à l'*Annuaire de la Corrèze.*

Pendant six ans, M. de Larouverade ne fit imprimer aucun travail. Il n'était pas inactif, mais ses études avaient pris une autre direction. Dès son arrivée à Sarlat, il avait occupé ses loisirs à recueillir des documents sur l'histoire du pays. Ses notes, mises en œuvre, furent publiées dans le journal *le Sarladais*, de 1836 à 1838, sous le titre de « *Lettres à Julie sur le Sarladais.* » Elles n'ont pas été réimprimées. Quelques années plus tard, sollicité d'en faire un livre, l'auteur refusa ; il en trouvait la forme démodée. Il les a cependant revues et corrigées. Son manuscrit, formant un cahier de 219 pages petit in-4°, d'une écriture menue, est conservé précieusement par son fils, qui a eu l'obligeance de nous le communiquer.

Les *Lettres sur le Sarladais* sont au nombre de cinquante ; elles embrassent toute la période historique, depuis les temps gallo-romains jusqu'à la fin du xviii° siècle. M. de Larouverade explique, au début de son ouvrage, qu'il a adopté la forme épistolaire pour se ménager une plus grande liberté d'allure et donner à son récit plus d'intérêt et de mouvement. Choisir parmi les faits ceux qui sont dignes de mémoire, les mettre en relief, dramatiser sa narration, présenter au lecteur des tableaux épisodiques dont les traits, la plupart du temps exacts, sont relevés par un coloris brillant, tel a été son but.

« Mes premières lettres, dit-il, renfermeront quelques époques légendaires, quelques circonstances un peu hasardées, des descriptions de lieux et de monuments signalés par l'archéologie seule : il y a là, sans doute peu à retenir ; mais n'est-ce pas ainsi que le passé doit être raconté ? — En histoire, la poésie au commencement des choses ; la certitude après. »

Cette théorie ne pouvait avoir qu'une fortune éphémère ; M. de Larouverade s'en est bientôt aperçu lui-même. Si la science historique n'a pas complètement rompu avec la poésie et l'imagination, elle ne leur demande qu'un concours discret et prudent.

(1) **Page 344.**

Le génie poétique peut animer l'histoire ; il ne doit jamais lui
substituer les inventions de la légende. Mais à l'époque où les
Lettres sur le Sarladais furent écrites, l'école romantique était dans
toute sa fleur, exerçait son influence sur les manifestations les plus
diverses de l'esprit humain : l'éloquence, le théâtre, la critique, et
jusqu'à l'histoire et la philosophie, toutes les sciences avaient
été emportées dans le mouvement qui agitait alors le monde litté-
raire, avaient eu leur part de l'enthousiasme général, s'étaient
senties touchées et rajeunies par le souffle de la poésie.

Auguste de Larouverade sacrifie aux dieux de son temps ; mais il
a la conscience que là n'est pas la vérité. Il suit la mode à contre-
cœur et le laisse entendre parfois très spirituellement :

> Fouiller dans de vieilles chroniques,
> Sur quatre mots en lire deux,
> Humer de leurs feuillets poudreux
> Les moisissures méphitiques ;
> De phrases hiéroglyphiques
> Approfondir le sens douteux ;
> Eclaircir, comparer entr'eux
> De longs textes ostrogothiques :
> Voilà nos passe-temps heureux !...
> Encor si des goûts sympathiques
> Payaient tant d'efforts généreux !
> Mais non. Le siècle vaporeux
> Répugne aux travaux historiques,
> Et des loisirs scientifiques
> Dédaigne les charmes nombreux.
> Penser convient aux mœurs antiques...
> A nous, Français au cœur fiévreux,
> A nous les drames romantiques !!

Le désir d'intéresser les lecteurs du journal *le Sarladais* avait
amené M. de Larouverade à mêler *les drames romantiques* à ses
récits d'histoire et à entrecouper sa prose, suivant le goût de
l'époque, de pièces de poésie comme celle qu'on vient de lire. Même
dans ses protestations les plus vives contre les nouvelles tendances
littéraires, il empruntait à l'école régnante sa langue favorite :

> Dans ce siècle d'enluminure
> Le badigeon est en crédit

Il s'attache aux œuvres d'esprit,
Comme à la noble architecture.
Artistes, auteurs de renom,
Honneur éternel du *Classique*,
Ah ! Garde à vous ! le *Romantique*
Va vous passer le badigeon.

Sa muse, finement railleuse à ses heures, ne se confine pas dans le domaine de la critique ; elle aime à évoquer les héros que l'historien met en scène et à décrire les monuments qui ont été témoins des principaux épisodes de ses récits. Ces petits poèmes sont intercalés dans le texte, à côté des événements qui les ont inspirés. Vient-il de parler de la prise de Domme par les huguenots, voici comment ils nous dépeint la fameuse citadelle :

Figurez-vous, s'élançant dans les airs
     Un roc à la cime aplatie,
Sur lequel la cité, que le tems a noircie,
Présente encor ses vieux remparts déserts.
On la dirait, parfois, dans la nue endormie
Lorsque ses flancs de brouillards sont couverts.

Aux monts, par un côté, le roc géant s'enchaîne ;
     Puis en cap gracieux,
Il se prolonge et domine la plaine
     Sous mille aspects capricieux.

Là, des tems féodaux nous retrouvons la trace,
Et le chemin de ronde et les machicoulis,
     Et la rainure où la herse jadis
S'élevait, retombait, gardienne de l'espace
     Que maintenant foulent nos pas hardis.

Plus loin, c'est du lieu saint la structure gothique ;
Et l'ormée au feuillage épais et romantique ;
Et l'abîme effrayant, béant à ses côtés...
Tableau sévère et riche en sublimes beautés.

Malgré des rimes souvent insuffisantes, ces pièces de vers, traitées sobrement et sans prétention, ne manquent pas d'une certaine saveur et caractérisent bien l'époque où les *Lettres sur le Sarladais* ont été composées.

Mais arrivons à la partie historique du travail de M. de Larou-

verade. Les légendes de saint Sacerdos et de Laban, de saint Front
et du dragon, des considérations sur les invasions des barbares et
sur la vie des anachorètes, occupent les premières lettres. L'auteur
aborde ensuite la question de l'origine de Sarlat. « Comment la
voulez-vous, Madame? dit-il. La voulez-vous gauloise, la voulez-
vous romaine? Je suis en mesure, à peu près, de vous satisfaire
sur l'un et l'autre point. » Et il raille plaisamment les écrivains
qui ont la manie de placer dans la nuit des temps le berceau de
leur ville natale. Pour lui, Sarlat est contemporain de son monastère, ne remonte qu'au vi⁰ siècle. Il en relate la dévastation sous
Pépin et la renaissance sous Charlemagne; il raconte les faits et
gestes des premiers abbés, les pillages des Normands, la visite de
saint Bernard, les guerres des Anglais, l'institution des consuls, le
rôle des évêques, les querelles religieuses qui ensanglantèrent le
Périgord pendant le xvi⁰ siècle et les mouvements de la Fronde.
Quelques pages consacrées aux établissements monastiques, aux
confréries, à la fondation du collège, aux personnages qui ont
illustré la ville de Sarlat, complètent cet ouvrage.

Telles sont, dans leurs grandes lignes et leurs traits principaux,
les *Lettres à Julie*. La forme en est vieille; les légendes y ont une
trop large place et les documents y sont trop apprêtés; on y cher-
cherait vainement les sources. L'esprit critique contemporain ne
s'accommode plus de cette façon de présenter l'histoire. On ne saurait cependant, sans injustice, méconnaître les sérieuses qualités
de ce travail; il porte le sceau d'une intelligence élevée, d'un juge-
ment droit et réfléchi; on y trouve de fines observations et de
précieux renseignements. Il sera toujours consulté avec fruit par
ceux qui entreprendront d'écrire l'histoire du Périgord.

En outre des *Lettres à Julie*, M. de Larouverade a publié dans
le Sarladais, en 1837, une notice sur Uxellodunum qui a été rema-
niée depuis et insérée dans les *Etudes historiques*.

Lorsqu'il quitta la cour de Bordeaux, au mois d'août 1859,
Auguste de Larouverade se retira à Tulle, auprès de sa fille et de
son gendre, M. le docteur Audubert. Il y employa les loisirs de sa
retraite à préparer la publication des *Etudes historiques et critiques*

sur le Bas-Limousin (1). Cet ouvrage, un des meilleurs résumés qui aient été faits de l'histoire du Bas-Limousin, a été publié de 1860 à 1864, en six fascicules comprenant ensemble 376 pages in 8°, plus 4 pages non chiffrées pour la table et l'*erratum*.

L'*Étude-introduction*, qui a pour titre : *Les Barbares en Aquitaine aux* vᵉ *et* vıᵉ *siècles*, n'a rien de spécial à notre province. C'est une analyse sérieusement faite des codes gothiques. Les lois salique, burgonde, wisigothe y sont examinées au point de vue de la procédure, de l'organisation judiciaire, des conventions matrimoniales, de la transmission de la propriété, de la répression des crimes et des délits. Préparé par ses travaux professionnels, l'auteur a fait preuve, dans le commentaire de cette ancienne législation, d'une critique éclairée ; quelques déductions contestables ne sauraient lui enlever son mérite. Nous y trouvons une esquisse très sommaire du gouvernement des barbares. La hiérarchie des fonctionnaires y est exactement indiquée, ainsi que le rôle considérable des évêques. Peut-être l'auteur donne-t-il trop d'importance aux libertés communales sous l'administration si despotique des premiers mérovingiens.

Dans la deuxième *Etude*, l'auteur aborde l'histoire locale. « Nous avons écrit, il y a déjà bien des années, dit-il, quelques notes sur le Limousin, notes très imparfaites et oubliées, sans doute, mais où nous trouvons éparses, ça et là, quelques idées que nous reproduirions difficilement avec plus de bonheur aujourd'hui. Nous conserverons cette partie de notre premier travail, en y ajoutant toutefois : trente années ont passé sur ces ébauches, comme sur le vieux sol lémovice, et elles y ont laissé des traces profondes d'un progrès dont l'historien doit tenir compte » (2).

M. de Larouverade emprunte à ses *Lettres romantiques* de 1828 la description topographique et pittoresque d'Uzerche et rappelle ses origines : « C'est un sentiment de vive affection qui nous porte

---

(1) *Etudes historiques et critiques sur le Bas-Limousin, publiées de 1860 à 1864, par M. de Larouverade, conseiller honoraire à la Cour impériale de Bordeaux, chevalier de la Légion d'honneur.* — Tulle, Crauffon, 1884, 1 vol in-8°.

(2) *Etudes historiques*, p. 67.

à parler de cette ville d'une façon toute particulière : elle est notre patrie d'adoption. Et puis, nous avons acquis la certitude que ce lieu oublié, négligé dédaigneusement jusqu'ici, était, sous nos premiers rois, l'un des plus connus de cette partie du *Lemovicinum*, et le premier, peut-être, dans les préoccupations intimes et politiques de ces princes » (1). Et il parle avec une affection toute filiale de cette campagne sévère des environs d'Uzerche, de cette « ligne de collines et de coteaux couverts de belles châtaigneraies, égayés par des prairies dues à des labeurs incessants, et animés par quelques habitations rustiques dont les noms se trouvent écrits dans des chartes qui datent de plus de huit cents ans ; noms de lieux modestes que nous avons aimés, que nous aimons encore comme on aime tout ce qui rappelle à la pensée les joies et le bonheur du jeune âge ! » (2).

Cet attachement à sa patrie d'adoption ne lui fait pas oublier les règles rigoureuses de la critique historique ; il sait se tenir en garde contre les légendes que des écrivains trop faciles ont répandues sur les origines d'Uzerche.

Le problème de l'évangélisation des Gaules et de la mission de saint Martial en Limousin est nettement posé par lui. Aucun des éléments de cette fameuse discussion ne lui échappe. Il rend hommage aux intéressants travaux de M. l'abbé Arbellot, à sa dissertation « vive, pressante », mais se refuse à prendre parti, se déclare flottant et incertain, laisse à d'autres le soin de juger le procès.

S'il n'a pu, au milieu de tant de données contradictoires, former sa conviction sur l'époque de l'arrivée en Limousin de l'apôtre d'Aquitaine, il se montre absolument résolu contre les prétentions de ceux qui ont cru trouver à Uzerche l'emplacement d'*Uxellodunum*. La question lui paraît définitivement tranchée en faveur du Puy-d'Yssolu. Les camps de César, signalés aux portes d'Uzerche, ne sont, d'après lui, que les traces effacées des campements du duc de Lancastre en 1374.

(1) *Etudes hist.*, p. 67.
(2) *Ibid.*, p. 70.

Après avoir repoussé énergiquement les conjectures de Baluze sur l'identification de *Ratiastum* (1) et combattu avec courtoisie la thèse ingénieuse de M. Deloche sur les *Lémovices de l'Armorique* (2), M. de Larouverade aborde les origines des principales localités du Bas-Limousin.

Le nom d'*Userca* est gravé sur des triens mérovingiens; le nom de *Briva* se rencontre dans les écrits de Rorice et de Grégoire de Tours. Voilà les preuves irréfutables de l'ancienneté de ces deux villes. Pour la période antérieure on ne saurait émettre que des hypothèses. Le nom de *Tutela* ne se trouve dans aucun document de cette époque; notre auteur n'en pense pas moins qu'au vi⁰ siècle Tulle « était déjà un *vicus* considérable où l'on pouvait arriver par de belles voies de communication reconnues depuis »; mais nous devons déclarer qu'il n'apporte à l'appui de son opinion aucun argument décisif.

C'est avec le vi⁰ siècle que commence, en réalité, pour le Bas-Limousin, la période historique. Et encore les textes sont-ils d'une rareté excessive, et l'obscurité la plus grande enveloppe-t-elle la vie de cette province pendant toute la durée du gouvernement mérovingien. Grégoire de Tours, Geoffroy de Vigeois, Adhémar de Chabannes, Baluze sont les guides de M. de Larouverade au milieu des incohérences de cette époque difficile. Bernard Gui, Canisius, Justel lui ont fourni quelques renseignements précis. En réunissant et mettant en ordre les faits puisés à ces sources peu abondantes, il nous a donné, sinon l'histoire du Bas-Limousin, du moins l'énumération aussi complète que possible des événements politiques et militaires qui s'y sont produits jusqu'à la mort de Pépin.

Son tableau de la province sous l'administration carolingienne

----

(1) Dans son *Histoire de Tulle*, p. 6, Baluze laisse entendre que Tintiniac pourrait bien être le Ratiastum de Ptolémée.

(2) *Les Lémovices de l'Armorique, mentionnés par César. Peuplades qui les composaient. Limites de leur territoire. Leurs villes principales*, par M. M. Deloche. Apud *Mémoires de la Société des Antiquaires de France*, t. XXIII, p. 46; et apud *Etudes sur la Géographie historique de la Gaule et spécialement sur les divisions territoriales du Limousin au moyen-âge*, p. 438.

est tracé un peu trop en raccourci. Nous y voyons encore au premier plan la ville d'Uzerche avec son siège de justice et son monastère. Les autres grandes fondations contemporaines y sont à peine esquissées. Notons, en passant, deux assertions qui nous semblent contestables. Lorsqu'il signale les premiers symptômes du régime féodal, M. de Larouverade dit qu'on en trouvait déjà le principe dans la législation gothe (1); or, les lois en vigueur sous le gouvernement mérovingien portent, selon nous, la marque du pouvoir le plus centralisé et le plus absolu qui ait jamais existé. Est-il plus exact d'attribuer à Charlemagne la création des comtes-gouverneurs des provinces (2)? Les rois francs héritèrent, sans le modifier, du système administratif organisé par les Romains; ils trouvèrent à la tête de chaque cité un fonctionnaire délégué du pouvoir central. Dès les premiers mérovingiens ce fonctionnaire était désigné sous le nom de comte. Charlemagne put réglementer ses pouvoirs, mais il n'eut pas l'initiative de son institution.

La période féodale est une des plus intéressantes de notre histoire; elle est particulièrement féconde, dans notre Limousin, en événements de toute sorte. Le pays se couvre de châteaux; les puissants seigneurs de Comborn, de Turenne, de Ventadour établissent leur domination; des fiefs sans nombre se groupent autour d'eux. La poésie, avec les troubadours, brille d'un vif éclat. Des idées d'indépendance commencent à agiter les esprits; les communes s'organisent. Et pendant que ces transformations profondes s'accomplissent dans l'état social, nous assistons à des luttes sanglantes : l'Angleterre et la France se disputent le Limousin; les vicomtes et les barons sont en guerre; des bandes de pillards désolent la province. Il fallait beaucoup de méthode pour présenter tous ces faits en peu de pages. Le récit de M. de Larouverade se distingue par une grande clarté; mais il est trop sommaire. Son livre, qui commence par d'amples développements sur les questions d'origines, devient un précis exact et agréablement écrit de notre histoire limousine.

(1) *Etudes historiques,* p. 161.
(2) *Ibid.,* pp. 163 et 165.

Ce défaut d'équilibre entre les différentes parties de l'ouvrage est encore plus saillant dans les chapitres qui suivent. Il est vrai que l'auteur, par le titre et les divisions qu'il a adoptées, nous montre qu'il n'a pas eu la pensée d'écrire une histoire chronologique du Bas-Limousin. Ses six études, quoique logiquement liées l'une à l'autre, comprennent autant de phases distinctes que l'auteur a traitées avec plus ou moins d'étendue suivant la multiplicité des questions qui y prennent place.

Il nous fait assister, dans sa cinquième *Etude*, à la splendide floraison ecclésiastique du xivᵉ siècle et à l'épanouissement religieux de la fin du xviᵉ et du commencement du xviiᵉ siècles. Les grands seigneurs, qui ne se gênaient pas pour violenter le clergé et prendre ses biens, éprouvaient la plupart du temps des retours de foi vive ou des terreurs superstitieuses qui les poussaient aux pieds de ce même clergé; ils restituaient ce qu'ils avaient usurpé, fondaient des monastères et des églises. De ce clergé limousin sortirent trois papes et une foule de cardinaux, d'archevêques et d'évêques, que M. de Larouverade nous fait connaître en quelques traits. Il s'occupe ensuite d'une façon plus spéciale de l'église de Tulle et des prélats qui l'ont gouvernée depuis Arnaud de Saint-Astier jusqu'à Mᵍʳ Berteaud.

Le dernier chapitre est consacré à l'administration judiciaire et aux guerres de religion en Bas-Limousin; il se termine par une série assez complète de portraits, succinctement tracés, des hommes illustres que la province a produits.

Si le livre, dont nous venons de donner la physionomie générale ne ressemble pas à ce qu'on a coutume d'appeler une œuvre d'érudition, on ne saurait le classer non plus dans la catégorie des compilations banales. L'auteur, en effet, n'a pas esquivé les problèmes ardus; dans ses premières *Études*, il a abordé les questions les plus controversées et a proposé souvent des solutions ingénieuses et justes. Mais ces dissertations et ces commentaires n'occupent qu'un petit nombre de pages. M. de Larouverade n'a pas eu la prétention de faire un travail neuf, établi sur documents, compendieusement annoté; il a voulu, avant tout, résumer et vulgariser l'histoire de sa province natale. C'est sous cet aspect

qu'il faut considérer son ouvrage pour le bien juger et en appré-
cier les qualités de clarté, de bonne exposition et d'exactitude.

Auguste de Larouverade mourut à Tulle en 1868, quatre années
après la publication des *Études historiques*, laissant le goût des
choses du passé et des travaux intellectuels à son fils, magistrat
comme lui (1), qui, après avoir passé par tous les degrés de la
hiérarchie, s'est élevé jusqu'à la Cour de cassation, dont il est un
des conseillers les plus estimés.

(1) M. Elie de Larouverade a prononcé, le 4 novembre 1867, en qualité
de substitut du procureur général, à l'audience de rentrée de la Cour de
Bordeaux, un discours sur *les Dernières années du Parlement de Bordeaux*
(1775-1790). — *Bordeaux, Gounouilhou,* 1867, in-8° de 51 pages.

DU MÊME AUTEUR :

Excursions limousines, 1re série (*Brive, Aubazine, Cornil, Tulle*). — Tulle, Crauffon, 1871, 1 vol. in-8°.

Excursions limousines, 2e série (*de Tulle à Ussel et à Eygurande*). — Tulle, Crauffon, 1880, 1 vol. in-8°.

Excursions limousines, 3e série (*d'Eygurande à Largnac*). — Tulle, Crauffon, 1883, 1 vol. in-8°.

Restauration du Cloître de Tulle. (Notes historiques.)— Tulle, Crauffon, 1873, br. in-8°.

Id. — 3e édition, dessins de M. E. Rupin et Note de M. Ph. Lalande. — Brive, Roche, 1879, in-8°.

Quelques procès limousins devant le Parlement de Bordeaux. — Tulle, Crauffon, 1877, 1 vol. in-8°.

La Maison de Ségur, son origine, ses vicomtes. — Limoges, Chapoulaud frères, 1878, br. grand in-8°.

Note pour servir à l'histoire de l'imprimerie à Tulle. — Tulle, Crauffon, 1879, br. in-8°.

La maison de l'Abbé à Tulle, eau-forte de M. P. Cappon. — Tulle, Bossoutrot, 1879, br. in-4°.

L'Inondation de Saint-Roch à Tulle (16 août 1756). — Tulle, Crauffon, 1880, br. in-8°.

La Numismatique limousine à l'Exposition universelle de 1878. — Limoges, Chapoulaud frères, 1880, br. grand in-8°.

Notice bibliographique sur Eustorg de Beaulieu. — Tulle, Crauffon, 1880, br. in-8°.

Une ancienne Justice : la Cour d'Appeaux de Ségur. — Limoges, Chapoulaud frères, 1889, 1 vol. grand in-8°.

Guillaume Sudre, cardinal limousin (avec portrait et eau-forte de M. E. Rupin). — Brive, Roche, 1880, br. in-8°.

Les Épitaphes du Cloître de Saint-Martin de Brive. — Tulle, Crauffon, 1881, br. in-8°.

Jean-Joseph Dumont, peintre d'histoire (1687-1779). — Tulle, Crauffon, 1881, br. in-8°.

Dissertation d'Etienne Baluze sur saint Clair, saint Laud, saint Ulfard et saint Baumade. — Tulle, Crauffon, 1881, br. in-8°.

Les Œuvres de Baluze, cataloguées et décrites. — Tulle, Crauffon, 1882, 1 vol. in-8°.

Un épisode de la Fronde en province : Tentative de translation à Limoges du Parlement de Bordeaux. — Limoges, Chapoulaud frères, 1882, br. in-8°.

Le Point de Tulle. — Tulle, Crauffon, 1882, br. in-8°.

Liste des Châteaux du diocèse de Limoges avant 1789, suivie d'une liste complémentaire par M. G. de Lépinay. — Brive, Roche, 1882, br. in-8°.

Le Château de Puy-de-Val, description et histoire, avec dessin et chromo-lithographies. — Tulle, Crauffon, 1883, br. in-8°.

Molière et les Limousins. — Limoges, Ducourtieux, 1883, br. petit in-8°.

Id. — 2e édition, augmentée. — Limoges, Ducourtieux, 1884, br. in-8°.

Lettres inédites de Baluze à M. Mélon du Verdier, publiées avec une Introduction et des Notes. — Tulle, Crauffon, 1883, 1 vol. in-8°.

Complément des Œuvres de Baluze cataloguées et décrites. — Tulle,
    Crauffon, 1884, br. in-8º.

Les Anglais à Tulle; la Lunade. — Limoges, Barbou, 1885, br. in-8º.

Les Bataillons de volontaires du Limousin. — Limoges, Barbou, 1885,
    br. in-8º.

Deux lettres de Mascaron à Mlle de Scudéry. — Tulle, Mazeyrie,
    1885, br. in-8º.

*Notes sur un Pontifical de Clément VI et sur un Missel, dit de Clé-
    ment VI, conservé à la Bibliothèque de Clermont.* — Tulle, Crauffon,
    1885, br. in-8º.

Le Tombeau du Cardinal de Tulle, à Saint-Germain-les-Belles. —
    Limoges, Ducourtieux, 1885, br. in-8º.

Les Origines de Tulle. — Tulle, Crauffon, 1885, br. in-8º.

Les Fortifications de Tulle, avec un plan. — Tulle, Crauffon, 1885, br. in-8º.

Le Château ou fort Saint-Pierre. — Tulle, Crauffon, 1886, br. in-8º.

Notice bibliographique sur Pierre de Besse (faisant suite à Pierre de
    Besse, notices littéraire et biographique, par MM. Emile Fage et docteur
    Longy). — Tulle, Crauffon, 1886, br. in-8º.

Quelques procès limousins aux Grands Jours de Poitou (1567-1635). —
    Limoges, Ducourtieux, 1886, br. in-8º.

Une Boutique de Marchand à Tulle au XVIIe siècle. — Tulle, Crauffon,
    1886, br. in-8º.

La Tour Prisonnière dite Tour de Maysse. — Tulle, Crauffon, 1886, br.
    in-8º.

La Tour de la Motte, avec un dessin. — Tulle, Crauffon, 1886, br. in-8º.

La Porte Chanac, avec deux dessins de M. Michel Soulié. — Tulle, Crauffon,
    1886, br. in-8º.

La Place publique de Tulle. — Tulle, Crauffon, 1886, br. in-8º.

Une visite à Obazine en 1712. — Brive, Roche, 1886, br. in-8º.

Notice sur les travaux de M. Edouard Lamy de La Chapelle. — Limoges,
    Ducourtieux, 1887, br. in-8º.

Un atelier de dentelles à Tulle au XVIIIe siècle. — Tulle, Crauffon, 1887,
    br. in-8º.

Le Collège de Tulle, avec un dessin de M. G. Forestier. — Tulle, Crauffon,
    1887, br. in-8º.

La Grande Maison de Loyac, avec deux dessins. — Tulle, Crauffon, 1887,
    br. in-8º.

La Cathédrale et le Cloître de Tulle, avec plusieurs dessins. — Tulle,
    Crauffon, 1888, br. in-8º.

Les Couvents d'hommes à Tulle, avec un dessin. — Tulle, Crauffon, 1888,
    br. in-8º.

Les Couvents de femmes à Tulle, avec un dessin. — Tulle, Crauffon, 1888,
    br. in-8º.

Un Jurisconsulte Briviste : Antoine Mailher de Chassat. — Brive, Roche,
    1888, br. in-8º.

*Le Vieux Tulle, avec des dessins de MM. Bernard, Cappon, Forestier,
    Rupin, Soulié et Tixier.* — Tulle, Crauffon, 1888, 1 vol. in-8º.

www.ingramcontent.com/pod-product-compliance
Lightning Source LLC
LaVergne TN
LVHW011021180726
843502LV00007B/2672